**Claire Bressy
Laura Dumas**

Pi - En pi... zen Tome 1

Claire Bressy
Laura Dumas

Pi - En pi... zen Tome 1

Éditions Vie

Impressum / Mentions légales
Bibliografische Information der Deutschen Nationalbibliothek: Die Deutsche Nationalbibliothek verzeichnet diese Publikation in der Deutschen Nationalbibliografie; detaillierte bibliografische Daten sind im Internet über http://dnb.d-nb.de abrufbar.
Alle in diesem Buch genannten Marken und Produktnamen unterliegen warenzeichen-, marken- oder patentrechtlichem Schutz bzw. sind Warenzeichen oder eingetragene Warenzeichen der jeweiligen Inhaber. Die Wiedergabe von Marken, Produktnamen, Gebrauchsnamen, Handelsnamen, Warenbezeichnungen u.s.w. in diesem Werk berechtigt auch ohne besondere Kennzeichnung nicht zu der Annahme, dass solche Namen im Sinne der Warenzeichen- und Markenschutzgesetzgebung als frei zu betrachten wären und daher von jedermann benutzt werden dürften.

Information bibliographique publiée par la Deutsche Nationalbibliothek: La Deutsche Nationalbibliothek inscrit cette publication à la Deutsche Nationalbibliografie; des données bibliographiques détaillées sont disponibles sur internet à l'adresse http://dnb.d-nb.de.
Toutes marques et noms de produits mentionnés dans ce livre demeurent sous la protection des marques, des marques déposées et des brevets, et sont des marques ou des marques déposées de leurs détenteurs respectifs. L'utilisation des marques, noms de produits, noms communs, noms commerciaux, descriptions de produits, etc, même sans qu'ils soient mentionnés de façon particulière dans ce livre ne signifie en aucune façon que ces noms peuvent être utilisés sans restriction à l'égard de la législation pour la protection des marques et des marques déposées et pourraient donc être utilisés par quiconque.

Coverbild / Photo de couverture: www.ingimage.com

Verlag / Editeur:
Éditions universitaires européennes
ist ein Imprint der / est une marque déposée de
OmniScriptum GmbH & Co. KG
Heinrich-Böcking-Str. 6-8, 66121 Saarbrücken, Deutschland / Allemagne
Email: info@editions-ue.com

Herstellung: siehe letzte Seite /
Impression: voir la dernière page
ISBN: 978-3-639-73741-7

Copyright / Droit d'auteur © 2014 OmniScriptum GmbH & Co. KG
Alle Rechte vorbehalten. / Tous droits réservés. Saarbrücken 2014

Claire Bressy

Pi-Tome 1

Paroles de Sagesses du Dalaï Lama

Paroles de Sagesse du Dalaï Lama

- Tenez compte du fait que le Grand Amour et les Grandes Réussites impliquent de grands risques
- Lorsque vous perdez, ne perdez pas la leçon
- Suivez les trois **R** : **R**espect de soi-même, **R**espect des autres, **R**esponsabilité dans vos actes
- Souvenez-vous que de ne pas obtenir ce que vous voulez est parfois un merveilleux coup de chance
- Apprenez les règles si vous voulez savoir comment les transgresser correctement
- Ne laissez pas une petite dispute meurtrir une grande amitié
- Lorsque vous réalisez que vous avez commis une erreur, prenez immédiatement des mesures pour la corriger
- Passez un peu de temps, seul, chaque jour
- Ouvrez vos bras au changement, mais ne laissez pas s'envoler vos propres valeurs
- Rappelez-vous que le silence est parfois la meilleure des réponses
- Vivez votre vie de façon honorable. Ainsi, lorsque vous vieillirez et que vous regarderez en arrière, vous en profiterez une seconde fois
- Un foyer aimant est la fondation de votre vie
- Dans les désaccords que vous avez avec ceux que vous aimez, préoccupez-vous de la situation conflictuelle. Ne réveillez pas le passé
- Partagez votre savoir est une façon d'atteindre l'immortalité
- Soyez tendre avec la Terre
- Une fois par an, allez quelque part où vous n'êtes jamais allé auparavant
- Souvenez-vous que la meilleure des relations est celle dans laquelle l'Amour que chacun porte à l'autre dépasse le besoin que vous avez de l'autre

« Écris donc ce que tu as vu, ce qui est, et ce qui doit arriver ensuite »

Je dédie ceci au monde... et à mes deux merveilleux enfants Kody et Kyle...

Je remercie aussi Laura Chartier-Dumas qui a accepté de prendre en charge la correction orthographique de ce livre,

Je remercie Rémy Clément qui grâce à son grand talent de photographe, à son œil précis, honnête et joyeux sait relever toute la beauté de la nature avec la plus grande simplicité. Ses photos illustrent ainsi toute la seconde partie (sauf mention contraire) de cet ouvrage, ainsi que la couverture vous permettant un magnifique voyage au cœur du tout petit,

Je te remercie Toi qui t'apprêtes à feuilleter ceci, à te l'approprier et peut être à toi aussi participer à apporter quelques graines de paix et de compassion autour de toi...

Bonne lecture à toi... Prends le temps à chaque fois de lire au delà des mots et conscientiser tout ça... Proposes l'ouvrage, offres le... voici le seul mode d'emploi... Amour et Joie en ton cœur.

Claire.

Partie Première.

Pi

Il parle de Liberté

Il parle de Liberté,

Inconscient de sa cécité,

Et pour ce mot là

Passe son temps à combattre

L'Homme a besoin

D'un Dieu lointain

Pour soigner ses chagrins.

Pour essuyer ses larmes

Pour défendre ce dieu là

Il prend les armes

Il s'appuie sur des écrits

Et n'entends pas ce qui y est dit

Chaque fois qu'il tue mes frères

Qu'il attaque ses paires

C'est un morceau de moi

Qu'un peu plus il blesse

Inconscient de ses infamies
Continue de se comporter en impies
Il va à confesse
Cherchant à effacer ses maladresses,
Le destin il croit qu'il le conjure
Et recommence son parjure
Il joue les fanfarons
Croyant répondre aux questions
S'éloignant chaque fois un peu plus
De la plus simple des fois
... Avoir la foi c'est croire en Soi...
Il n'a pas entendu
Par la bouche des prophètes
Fils comme eux tous
Libre de toute emprise
Simplement incité
Leurs bouches ont prononcé
« Je suis ce que je suis »
« Je suis Un »

Face à ses frustrations
Il perd la raison
Justifie ses actes
"Sur le nom d'un passé qui n'existe plus"
L'Homme corrompu
A ses illusions ne résistent plus
Il pose diagnostique
S'imaginant mystique
Dans son présent

Il est absent.
De ses pulsions
Devenu l'esclave
Il explique par la raison
Le clivage
Nourrissant son naufrage.
Il ne croit pas aux démons,
Pourtant ils sont légion
Peur et colère
Ont plein de petits frères
L'enfer devenu conte magique
Aux vertus ésotériques
L'Homme ne veut y croire
C'est ainsi qu'il vit déboire
Force obscur ordinaire
Elle grandit en lui sans que plus rien ne s'y oppose,
A l'heure d'une nouvelle ère
Ombre et lumière se font guerre
Dans le jeu de l'Illusion
Au final devenue chef des démons
Pour lutter on ne peut opposer
Que l'Ange nommé Vérité.
Il ne sera plus alors illusoire
D'imaginer qu'il puisse échapper,
A un chaos qui se nourrit de fausses identités
Il est temps aujourd'hui pour cela
De ne plus lui conter d'histoire
Chaque Homme de courage
De sa bouche fera Vœu de propreté.

" Les portes du paradis "

" Les portes du paradis "

Un Samouraï se présenta devant le Maître Zen Hakuin et lui demanda : "Y a-t-il réellement un paradis et un enfer ?" - "Qui es-tu ?" demanda le Maître.
-"Je suis le Samouraï..."
- "Toi, un guerrier ! s'exclama Hakuin.

Mais regarde-toi. Quel seigneur voudrait t'avoir à son service ? Tu as l'air d'un mendiant."

La colère s'empara du samouraï. Il saisit son sabre et dégaina. Hakuin poursuivit :

-"Ah bon, tu as même un sabre, prêt à frapper le Maître. A ce moment celui-ci dit :

-"Ici s'ouvrent les portes de l'enfer." Surpris par la tranquille assurance du moine, le samouraï rengaina son sabre et s'inclina. -"Ici s'ouvrent les portes du paradis", lui dit alors le Maître.

(Extrait "les contes des arts martiaux")

C'était il y a de cela bien bien longtemps...
Un homme par hasard découvrit le feu.

Il porta alors brindille enflammée et se déclara chef, car il détenait en ses mains le pouvoir... Pouvoir de chauffer, de brûler, objet de santé comme de destruction...

Les autres l'observèrent et ils approuvèrent, devant ce maître incontesté ils se mirent à faire la guerre à quiconque voudraient leurs voler ce drôle de bien qu'ils s'étaient approprié.

Mais entre tous il y en eut un, qui ne fut pas en accord avec les autres,
Ce dernier se dut d'expliquer que ce que détenait le chef ne lui était pas propriété, que ceci était cadeau d'un dieu, qu'il devrait le respecter...
Ce qui ne manqua pas d'en éveiller un autre, qui contesta prudemment ce fait évoqué, car de sa personnalité l'invisible n'était possible.

Ce dernier se mit à examiner de plus près l'objet tant convoité, et se chargea d'expliquer que nul dieu en ceci, cela était bien affaire logique, fière de cette nouvelle connaissance il se mit à en chercher d'autres.
C'est alors que le groupe se divisa en plusieurs camps,
Il y avait ceux pour qui les dieux étaient une force grande et puissante qu'il fallait vénérer,

Il y avait ceux pour qui tout s'expliquait et qui ne croyaient qu'en ce qui pouvait se vérifier,

Une chose les séparait les uns tentaient de repousser la mort,

Les autres poussaient à une vénération qui permettait d'aller à la mort en accédant à éveil ou paradis promis pour qui scrupuleusement suivrait les règles

Il y avait aussi ceux qui observant le gardien du feu espéraient secrètement un jour lui prendre sa place,
Obsédés par l'idée ils se rangèrent tant du côté des Dieux que du côté des rationnels...

Les générations passèrent, chacun œuvrant de son côté à améliorer son idée,
Et tandis que ceci se tramait quelques hommes bien éclairés vinrent raconter une autre chose... Mais dans tout ce tintamarre personne ne put les entendre.
Impossible car ce que ces hommes là disaient était tellement simple, qu'ils remettaient en question tout ce qu'avaient dit les autres...

Ils effaçaient toutes complications, et nous le savons bien, l'homme aime à se compliquer les choses...
Ils firent pourtant bien du bruit, ils dirent pourtant beaucoup de choses, mais devant tant de simplicité leurs propres disciples se chargèrent de compliquer l'histoire, de rajouter des règles, et finalement le passage de ces hommes ne fut que piqûres d'insectes, car ce qui laissa plus de traces, quand on y regarde de près, est ce que les disciples en ont retranscrit...
Et aujourd'hui, aujourd'hui soyez en bien certains, l'histoire est la même...

Le pouvoir est partagé entre ces trois camps là,
Chacun cherchant de son côté à améliorer, à peaufiner...
Objectif, toujours le même, lutter contre la mort, la dépasser, atteindre un éveil, être au delà, être plus, être mieux...

Être mieux que quoi au fait ?

Se libérant de toutes attentes extérieures, de toutes peurs de ce qui est inéluctable... la question est permise...

Oui l'Homme passe son temps, sa vie à vouloir faire mieux, à vouloir dépasser, à vouloir atteindre le summum... Se dotant de l'illusion incroyable qu'ainsi il vit mieux que d'autres... oubliant simplement que plus il cherche, moins il est... oubliant que ce qu'il cherche est illusoire. Ce qu'il croit voir chez l'autre n'existe que dans ses yeux...

Dans toute cette drôle d'histoire, le plus étonnant est de voir que ceux qui furent les plus simples, qui proposèrent le plus aux hommes le plus simple, furent ceux qui firent aussi le moins de bruits...

La sagesse veut que qui l'a trouvé n'ait plus besoin de parler, car il le sait bien, le monde est tout simplement, vivant des cycles, vivant ce qui est, et vouloir à tout prix lutter contre est pure perte... La vie est. Pourtant il parlera, il tentera explications car ce qu'il ressent il souhaiterait le partager... il connaît en lui ce calme que cela lui apporte et cette non course à l'impossible.

Il est dit qu'il ne faut pas commettre certains actes,
Car paraît il ces actes nous vaudraient punitions,
Il nous vaudrait de devoir donner confession,
Pour obtenir le pardon...

Mais si nous y regardons de plus près,
Tout ceci n'est pas si vrai qu'il y paraît,
Pire que cela,
Entre toutes professions de foi,
Réunies et avec simplicité analysées,
Il semblerait qu'il ne s'agisse point du tout de ça.

De quelques idées de conscience,
Nous voici qui en faisons une science,
Et d'un chemin pour l'amour de soi,
Nous en faisons livre de lois...

Et quand à l'ensemble nous ajoutons toutes philosophies,
Alors la seule chose qui apparaisse,
Est que tous disent la même chose,
L'interprétation des mots restant seule chose qui nous oppose,
Il est alors permis de prendre conscience,
Qu'un grand nombre d'Hommes a perdu la vie,
Pour des raisons qui n'ont d'existence,
Que dans l'illusion.

Alors Pardonnez-moi,
Si à cet instant,
Je décide au présent,

De contourner l'affaire,
Des pêchés aux vertus,
L'extrême est lue et entendue.
Les mathématiques l'ont prouvé,
Un centre existe en cela, reste à le démontrer.

Des choses simples furent dites,
Mais il fallait les compliquer,
Car alors l'ego du disciple a pu gagner,
Celui ci n'étant qu'oreille,
Et ne posant pour lui même pas la moindre recherche,
peu protégé de ceci était il.
Il fut ainsi écouté,
Par adeptes attentifs... devenus addicts.
Addicts de paroles, source de certitudes, qui fautes de mener au bonheur, ont bénéfice de sécuriser.
La certitude rassure, car elle connaît une limite, l'homme à besoin de limites, car il veut ce sentiment de maîtriser...

Idées « carrées »,
Règles toutes faites,
Maîtriser pour ne pas perdre le contrôle...
Ne pas perdre le contrôle pour ne pas mourir...
L'homme est conscient de sa mort, cela devrait le conduire à vivre,
Mais que nenni, le voici qui ne pouvant savoir ce qui l'attend au delà de
L'inéluctable mort, se mets à élaborer toutes sortes de théories...

Recherche qui finira par l'obnubiler, voir même le posséder. Dans l'obscurité vit dame peur... la voici qui pointe son nez.

Alors si un jour Homme vient pour dire que la vie est en chacun, et que chacun a à la vivre simplement, alors nombre panique, mental qui s'affole, qu'allons-nous devenir ? Cette simplicité est impossible...

L'Homme aime le compliqué, ça l'aide à briller de ses milles idées pour s'échapper de la réalité et ainsi par cette voie à donner l'illusion d'être mieux que les autres... N'est ce pas là sa plus grande quête mentale ?
Être « Au Delà » ?

Combien clameront être « de plans astrals supérieurs » et combien d'autres suivront ces derniers car ayant souhait d'être comme eux... Nul ne se dira que ce que chacun est, est... et que celui qui sait n'a fait que regarder en lui... tout y est écrit...
N'est ce pas un peu l'histoire de l'ADN ? Je m'égare...

Peu responsables sommes nous devenus grâce à ces livres de lois, énoncés de règles qui d'une manière ou d'une autre influencent nos vies. Que vous soyez adhérent ou non, même dans vos expressions il en ressortira quelques leçons...

Il y est donc cité qu'un être extérieur devenu maître du jeu nous promets deux choix :
si forfait nous commettons nous serons pardonné ou jugé et risquerons l'enfer, l'enfer à milles visages, car il est au choix une réincarnation dans une vie où nous devrons affrontez nos propres crimes, un lieu où nous brûlerons sans fin, une destruction de notre âme ou que sais-je encore,
si bienfaits nous choisissons, alors un paradis nous sera offert et ce paradis lui aussi vit milles visages, tout dépend du lieu du monde où il a été dessiné, au choix nous deviendrons des êtres suprêmes libérés de corps matériels, nous irons dans

un lieu ou tout est magique et merveilleux, ou encore nous obtiendrons des félicitations...

Qu'importe le dessin de l'enfer ou du paradis,
La vocation de ceci n'est plus d'être heureux au présent mais bien d'être heureux dans la mort, croyez moi qu'à cet instant, je souris même de l'écrire.

Constatons qu'il est nécessaire d'allumer la flamme de l'espoir et de l'entretenir, qu'il est nécessaire de rappeler les mots qui nous furent dits... des hommes donc par choix s'en chargeront, mais les écoutant nous prendrons conscience qu'eux mêmes en vérité en ont oublié le sens. Les voici qui nous demandent d'aduler un homme qui depuis bien longtemps à laissé son corps sans vie.

Ils nous rappelleront les lois, les règles et se chargeront de tenter de nous convaincre d'aimer le même dieu qu'eux... car il serait unique et merveilleux...
Cœur rempli de certitudes...
Il ne peut y avoir quiétude.
Alors en ce cas, sont-ils eux mêmes convaincus de leurs propos.
Je me demande parfois si eux mêmes n'ont pas oublié.

Le Bonheur vient à la bonne heure,
La bonne heure ... instant présent,
L'instant présent sait simplicité,
Mental devra savoir ne pas compliquer.

Il est des choses qu'il est dit ne pas devoir faire.
Sinon à nous l'enfer...

Ce que je vais tenter de vous démontrer est que l'enfer n'est pas un lieu extérieur, mais en nous, tout comme le paradis...

Rappelez-vous ceci :
En nous il y a Ombre et Lumière.
C'est obligatoire pour notre équilibre.
Notre ombre est une amie,
Elle est là pour notre survie.

Pas de nuit, pas de jour.

Alors pour commencer,
L'avarice, vilain vice...
Accumuler biens matériels, sans même partager,
Devient oubli d'équité.
Dirait on qu'il n'est point bon de s'attacher ?
On comprendra bien que la matérialité pourrait nous empêcher,
De simplement exister.

L'objet, si extérieur à nous, ne nous conduit il point à parfois tuer ?
N'est il pas, soyons en certains, l'un des provocateurs,
De nos plus grandes torpeurs,
Car à en l'envie d'avoir, vient souvent siéger,
La peur d'être dépossédé...

N'avez vous jamais remarqué,
Le temps que vous passez,
A entretenir tous les objets que vous avez amassés ?
Et combien vous coûtera l'affaire ?

Croyez-vous posséder l'objet...
Ou est-ce l'objet qui vous possède ?

L'Avarice nous éloigne de nous mêmes !!!

Le mauvais, cité comme l'autre face de la lumière,
Que nous nous sommes chargés de personnifier,
Aurait vocation à nous posséder,
Et voilà bien au travers de l'objet une bonne raison pour notre ombre de se manifester,
Alors oui, sans doute à ce moment, sommes nous possédés...
Possédés par nous mêmes,
Ainsi que par nos projections posées sur l'objet de toutes nos tentations...

Par conséquent, sans pour autant, laisser de coté quelques plaisirs donnant couleurs à nos vies,
Peut être en effet, est ce sagesse, de ne point trop se laisser distraire par ses choses de convoitise,
Si une chose nous est dite ici,
C'est à mon sens bien ceci,
Car cela nous sera aussi dit et nous y reviendrons souvent,
la vie de chaque instant, le bonheur recherché ne se trouve point en cela...

Cependant, donner ses biens à tous, et partager sans réflexion, est-ce pour autant une bénédiction ?
La raison nous conduit à observer nos nations, et très vite nous apercevoir,
Que donnant trop nous pourrions bien voir naître très vite,
La douce paresse de celui qui laisse faire,

Nous conduisant nous même à recevoir, quelques bagatelles sans aucun doute inattendues...
Le cadeau partagé pourrait très vite devenir un dû...

Quoi faire alors, me direz vous ? Le juste milieu serait à convenir en un milieu, répondre à nos besoins, et savoir très simplement, résister aux chants des sirènes en extase, qui parfois pourraient nous attirer vers de sombres rivages.

Si des richesses vous avez, alors sachez les utiliser, sans les dilapider, mais simplement sans doute en offrant la possibilité à d'autres que vous d'en profiter en vous échangeant une juste tâche qui les respecte...

Si point trop attachés vous êtes, alors vous saurez le juste milieu déposer.

La paresse ais-je déjà prononcée, alors pourquoi pas aller la visiter ?
Paresse ne va jamais toute seule, aucun livre ne vous dira, sauf celui écrit par le paresseux, comment être heureux sans quelques petites choses à faire de vous même, efforts et engagement seront terrains fertiles, à quelques belles fleurs dans le jardin du cœur.

Hélas le goût de l'effort a bien vite cédé sa place à une économie d'énergie qu'aujourd'hui nous payons le prix fort...
Paresse allant avec empressement, voici l'heure des machines qui produisent aliments et vêtements à des Hommes qui ne savent plus qu'en faire...
Les vêtements ne réchauffent plus assez, et l'aliment s'accompagne de médicaments, obscure est ce chemin...
Les machines font à notre paradis ce que nos mains n'auraient pu faire, polluantes et empoisonnantes, elles trient les animaux comme s'ils étaient de

plastiques, peu de valeur pour la vie, peu de respect pour la nature à tout ceci nous a conduit.

L'enfer intérieur et extérieur...
La paresse a conduit à une forme de destruction,
SI le diable existait, il n'aurait rien à ajouter, à ce que nous avons déjà fait.

Mais s'il est un fait qui peut mener à sourire, c'est que l'homme dans son souhait de paresse, animer par l'avarice, et par d'autres choses dont nous allons parler, a pensé aussi à créer ce qui le détruira...

Sur le lit de la paresse nous avons choisit de nous coucher, il pourrait être temps de se réveiller... Mais quand bien même ceci arriverait, à cette heure ci le réveil ne pourrait être que dans le simple souhait d'être conscient, et d'œuvrer tout bonnement à une paix relaxante...

L'objectif devant être oublié, l'attente dépassée, car si ceux-ci sont présents, alors la désillusion pourrait être violente... Pour y être bien préparé, nécessaire est il pour le moins, de comprendre qu'en ce point vit la racine de la colère...

Mais laissons la colère de côté quelques temps pour jouer encore avec la paresse... La paresse, l'acédie, la dépression...
La dépression est un état ou le mental s'abandonne,
Il n'est sûrement pas question ici de juger les Hommes,
Qui en cela se laisse aller.
La dépression parfois apporte des solutions,
Mais uniquement à ceux qui choisiront de poser l'effort qui les conduira à reprendre confiance en eux.

Les disciples des prophètes, laissèrent quelques peu entendre, qu'il eut fallu pour ne point tomber en dépression prier, avoir la foie, estimant que celui qui ne le ferait pas serait un poil paresseux.
Il est certains qu'un tel conseil ne put bien longtemps fonctionner, car prier un être extérieur à soi-même quand nous ressentons déjà l'envie de nous abandonné, voir même de quitter la vie, n'est solution que pour une minorité... minorité qui si elle se sent un jour déçue, n'hésitera pas à devenir colère contre ce même être extérieur... Comble de l'irresponsabilité s'il en est.

Alors si la prière ne fonctionne pas, il va falloir trouver autre solution...
Thérapies existeront, mais elles demanderont efforts, temps et travail...
Il y aura sinon, pour les plus paresseux médicaments... médicaments qui utilisés en leurs juste milieu pourraient être béquille bénéfique, mais devant tant de facilité, l'Homme ne put résister...

Versant une larme, le voici qui se voit si tôt administrer le bon anxiolytique qui anesthésiera la douleur mentale apparue.
Cette douleur anesthésiée, ne pouvant être traitée et accompagnée ne fera alors que s'aggraver, charge à nos médecins d'augmenter ensuite les doses.
Paresse oui c'est certain...

Voici l'Homme triste qui sombre dans l'inconscience, celle-ci maintenue par le savant mélange chimique qui lui est donné...
Il n'en sera guère différent avec une drogue ou un alcool,
Mais à comparaison, l'un a l'aval du médecin, les deux autres non...
Dans cette inconscience nous voyons bien l'obscurité s'installer, le corps perds en énergie, les actes ne sont plus réfléchis, le mental broie du noir, et hélas bien souvent des familles entières pleurent.

Paresse et pas seulement, car l'orgueil de celui qui a fait de longues études sera bien présent, ne souhaitant pas perdre son malade, il aura bien du mal à lui avouer que d'autres solutions existent, ou même à refuser l'administration de l'antidote. L'orgueil du malade aussi, qui préférant taire ses souffrances, par honte, par déni préférera se cacher derrière une substance,
Substance qui certes pourquoi pas éteindra ces larmes quelques temps,
Lui permettront de retrouver le sommeil,
Où de se laisser chanter l'hymne d'un bonheur tout à fait inexistant.
L'âme n'est plus présente en ce corps,

La paresse nous éloigne de nous même !!!

Charge à celui qui veut de la rappeler,
Mais soyons en certains plus la prise a été longue plus le travail à faire sera complexe, car alors les « erreurs » s'entassent dans le sac à souvenirs...

L'orgueil est ego démesuré,
Convaincus de nos certitudes,
De notre savoir,
De nos capacités,
Nous laissant emporter dans la frénésie du pouvoir que ceci nous donne l'illusion d'avoir,
Apeurés par ce que nous ne pouvons maîtriser,
Nous voici qui oublions toutes intuitions,
Tout langage du cœur,
Nous ne nous permettons plus d'entendre ce qui existe au delà de nos croyances...

L'Orgueil nous éloigne de nous même !!!

Orgueil, Paresse, avarice,
Nous commençons ici à voir trois diablesse que nous sommes seuls à alimenter.
Elles proviennent de notre ombre,
Présentes pour notre équilibre,
Si renommées elles se nomment :
Ambition, courage, Générosité.

L'envie...
Que dire de l'envie ?
L'herbe est toujours plus verte chez l'autre...
En voici une qui pousse au meurtre, elle est incroyable cette envie,
Toujours croire que l'autre a mieux que nous.
J'envie son chien, sa maison, son histoire...
L'envie et la jalousie, deux compagnes.

L'envie nous éloigne de nous mêmes...

L'envie qui nous amène toujours à imaginer chez le voisin un bonheur que nous pensons ne pas avoir,
Nous cache la vérité de ce que nous avons,
Nous ment sur la réalité vécue de celui que nous envions.

L'envie nourrit la colère...

L'envie ne nous permet pas de voir,
Elle nourrit l'illusion,
Elle nous éloigne de la conscience.
En vérité oui chaque vice que je vous propose ici,
Qui fut nommé par bien des façons,

N'ont qu'une vocation,
Celle de nous éloigner de nous même,
De notre conscience,
De notre présence,
Il est donc bien logique,
Que prophètes et philosophes en aient prôné l'éloignement...

Mais il faut toujours se rappeler,
Que ces choses là existent en nous tous, et que lorsqu'elles sont vécues en leur milieu,
Oui elles nous sont nécessaires... et même vitales.

Point d'ambition et vous ne vous levez pas le matin,
Il faut un poil d'envie pour écouter l'enseignant,
Car si ce qu'il vous enseigne,
Ce qu'il semble savoir ne vous intéresse pas,
Alors vous ne l'écouterez pas.

A une échelle humaine, au delà de l'individu,
Le manque de confiance en soi mène parfois à la soif de pouvoir.
Ainsi un homme, pour asseoir son autorité, vivra dans l'illusion de contrôle si « sécurisante »,
Il imposera son point de vue,
Refusera de voir celui des autres,
Le repoussera de la main avec dédain,
Car tout simplement cet autre point de vue conduit à un doute devenu insupportable,
Il met en danger cette illusoire sécurité.
Cet Homme regardant l'autre de haut,

A le sentiment d'être Grand.
Son propre jeu le dément,
L'énergie qu'il met à défendre son illusion démontre à quel point en vérité il souffre de ne pas se trouver.

Un égo courroucé conduit au danger.
Un égo équilibré conduit à une juste humilité.

L'impureté et la gourmandise

A ces deux-là vont de paire...
L'Homme et sa conscience...
L'Homme et son mental...
L'Homme et ses pulsions...
Revenir à lui-même il se doit, car par ce chemin, il retrouve la simplicité du cœur, il comprend la souffrance, il apprend la compassion.
Par ce chemin là il devient humain,
Son regard, sa perception grandit et il voit en l'ensemble, l'Un, il voit comment il fait partie du tout, comment il EST le Tout.
Les prophètes ont parlé de ceci, mais sans doute en un langage qui n'a pas survécu au temps, les métaphores d'hier n'ont pas pu garder leurs essences au travers des siècles.

Dans toutes religions ou philosophies, le sexe se veut grand débat... Certains auront fini par l'interdire, ce qui ne se voit pas n'est plus un problème sans doute. D'autres l'auront réglementé. D'autres en ont fait un art, quelques un auront choisi de cacher de leurs yeux le corps en son entier, pour ainsi sous d'étranges prétextes (car s'il s'agit de le faire au nom d'une déité, il y a peut être paradoxe en cela, cette déité aurait elle honte de ce qu'elle a elle même créé au point qu'il faille la cacher ? Et en ce cas pourquoi ne le détruit elle pas immédiatement ? Respecter le créateur est honorer sa création...) dissimuler de leurs regards une tentation qui par manque de compréhension, par manque de conscience risque de devenir pulsion, et d'autres... bref... Au milieu de tout ça, nous avons le droit de nous demander quel est le sens exact de ces textes.

Le sexe pulsionnel, le sexe « devoir conjugal », le sexe interdit, le sexe simple plaisir est en effet un problème.
On remarquera à ce propos que l'acte prend le nom de l'organe, perdant toute spiritualité ou même tout sentiment de cette manière, il ne s'agirait donc pas de « faire l'amour », mais de faire du sexe...

« Je suis ce que je suis »
« Je suis Un »

Oui c'est un fait et à travers le mélange de corps ou d'aliments, voici une réalité qui peut être vécue.

Univers
Uni vers...

Faites l'Amour en conscience...
Laissant de côté les soucis, les « oui mais », les doutes, les peurs de la journée,
Centré, attentif, profondément présent, sur le contact des corps de chacun qui s'unissent,
Et au delà, conscience de l'Union des êtres, des énergies, des âmes,
Union totale...
Union consentie
Les deux corps se fondent l'un en l'autre.

L'homme visitant la demeure de celle qu'en cet instant il aime...
La femme reçoit en elle celui qu'en cet instant elle aime...
Attentif chacun à la fragilité et à la force de ce moment de pure fusion.

L'envie de l'attachement, le souhait de contrôle des actes de l'autre, la peur d'être quitté ne trouve pas ici son importance,
Car ces deux êtres partagent ensemble une magie qu'ils sont seuls à connaître,
Ils deviennent le Tout, Vivent le Tout.

C'est un moment plein, au delà des va et vient,
Au delà de la réussite, de l'idée de la déception,
Au delà des perversions, car cet un instant choisit en pleine conscience,
Chacun se respecte, chacun sait que l'acte ici est juste, que son désir n'est pas présent pour répondre à une angoisse, une souffrance du passé,
Il n'y a pas alors de violences possibles, pas d'abus, la pensée est claire et propre.
Il s'agit de Faire l'Amour.

L'égo ici n'est pas utile,
Juste l'énergie d'Amour...

S'aimer soi, Aimer l'autre,
Le regarder et le comprendre,
Un Amour qui remplit, qui submerge,
Amour partagé...

Chaque caresse s'y voit plus douce, plus sensible de chaque détail de la peau de l'autre, chaque cellule sous le touché se veut ressentie, comme entendue.
Chaque geste est sensualité...

S'éloigne la bestialité... se trouve l'Amour...

Sensibilité qui s'accroît, Les sexes deviennent plus sensibles eux aussi.
Elle ressent chaque millimètre qui la pénètre...
Lui ressent chaque parcelle du corps qui l'accueille...
Chaque palpitation est entendue...
Les rythmes se trouvent d'eux mêmes...
Parfois lents et profonds, parfois rapides et superficiels...

Deux êtres qui ne font qu'un.

Faire l'Amour en conscience, c'est s'Unir...
Faire l'Amour sans conscience, c'est... autre chose...

Faire l'Amour sans conscience nous éloigne de nous mêmes, et nous le verrons bientôt, une énergie sexuelle mélangée à de la colère peut générer nombres de souffrances.

Homme de conscience ne peut ni violer, ni agresser, car conscient qu'il ne fait qu'un avec le Tout, qu'il est le Tout, il n'oserait blesser une partie de lui-même.

Faut il devenir chaste, l'histoire l'a démontré, l'interdit ne fait que renforcer les pulsions, mais simplement faire de cet acte, un acte de Pureté.

Sans doute espérant guider pour cela, quelques prophètes se sont risqués à demander que l'Amour physique ne soit pratiqué qu'entre personnes mariées, espérant ainsi que sous ce vœu profond d'engagement, une conscience verrait naissance...

C'était en mettant de côté la vie et son impermanence, aucune promesse sur une si longue durée n'est aisée à tenir.

Le sexe et l'alimentation ais je dis ?

Parlons quelques instants de l'aliment...

Je vais pour commencer vous conter une histoire.

⇧

Nicolas est un grand sage, on le décrit comme un Homme éveillé. Chacun de ses mots est écouté et entendu, car il ne parle jamais pour ne rien dire... Nicolas a une vie simple, il ne veut être vénéré, il souhaite simplement partager ce que sa conscience lui montre. Il voit au delà, entends sans bruit et sait parfois parler sans mot. Il aime les Hommes et comprends leurs souffrances, chaque fois qu'il le peut il tente de les guider sur la voie de la conscience.

C'était un jour comme un autre, nulle date à y poser, ni instant particulier.
Nicolas, en compagnie de son ami Jean qui l'observe en silence, mange une banane.

Voyant les yeux de Nicolas s'illuminer, Jean lui demande ce qu'il vit.
Nicolas prenant son temps, lui réponds : « Je devrais me taire mon ami, et simplement une banane je devrais te proposer. Mais parce que je te souhaite heureux et que tu me questionnes, que d'autres que toi aimeraient savoir et que je ne dispose pas d'assez de bananes (sur ces mots il rit), je me dois de t'enseigner. Vois tu Jean, je mange cette banane, au départ par mes lèvres j'ai ressenti l'aspect fibreux de ce fruit, puis l'écrasant doucement avec ma langue

contre mon palais je me suis délecté de son fondant, son goût a parfumé ma bouche, me remplissant de joie. La banane et moi sommes devenus Un, chacune de ses cellules se mélangeant aux miennes, partageant notre énergie, elle pour une nouvelle vie et moi pour nourrir la mienne. Cet instant est un moment de Joie, à présent continuons notre repas.»

Ses yeux brillaient, son sourire à la fois calme et rayonnant fit penser à Jean que Nicolas vivait un moment d'éveil.

Jean fier de ce nouveau savoir reçu, sans même goûter à la banane, part aussitôt le raconter à Pierre selon ces mots :
« Nicolas à mangé une banane, il l'a écrasée avec sa langue, ça l'a envahit de bonheur, par là il connu un moment d'éveil. ».

Pierre trouve cela des plus passionnant, il en fera un texte :
« Nicolas connu le bonheur et l'éveil en écrasant de sa langue une banane. »

Lisant ces mots Tristan, scientifique reconnu se mit à étudier la banane, puis ne trouvant d'explications, conclura que sans doute cette banane là était différente.

Quant à Louis, disciple de Nicolas, dira aux adeptes :
« Il faut écraser la banane avec la langue, ainsi l'on rencontre le bonheur, Nicolas l'a dit. »

Jules qui de part son histoire, a besoin d'être entouré se saisira de la phrase et en fera un mystère, une grande clef qui ne manquera pas d'attiré quelques âmes égarées en quête de réponses à leurs désorientations.
Pour maintenir son troupeau, il ajoutera quelques règles, car il le sait bien il faut un cadre pour poser l'autorité. Sans compter que ces règles étofferont son

discours, (au final ce qu'a dit Nicolas est un peu court) et le grandira aux yeux de tous. Quoique le temps fût passé et que Nicolas depuis le début de notre histoire ait quitté le monde mortel, rappeler à chacun son nom permettra d'appuyer les propos.

Jules dira donc : « Nicolas, élus des élus a dit 'la banane est source de bonheur. Pour le vivre il faut l'écraser avec la langue, mais il ne faut pas la toucher avec les dents, cela serait une faute grave qui devra conduire l'imprudent à un châtiment. »

Jules est déjà bien loin des enseignements de Nicolas, mais il ne se doute pas que parmi ses adeptes, d'autres atteints de la même paresse et du même amour du pouvoir, sans goûter la banane, sans comprendre l'essence de l'affaire, sont déjà à leurs tours en train de remanier tout ça.

Entendre au delà des mots.
Expérimenter par soi même,
Rester conscient de ce que chacun transmet.

L'Homme qui répète simplement, sans vivre dans son corps l'expérience qu'il souhaite transmettre, ne tardera pas d'enrichir inutilement le propos pour le mettre en valeur, et ainsi contribuera à nourrir l'illusion.

Fort heureusement, au cœur du débat, la banane restera, alors pour toute âme éclairée, acceptant l'effort de l'expérience, comprendre l'essence de cette affaire lui sera chose aisée... A ce propos... la banane est elle vraiment l'héroïne de l'histoire ?

L'Histoire de Nicolas est adaptable à toute religion, à toute philosophie, à toute doctrine.

Je suis française, je vais donc parler de l'Hostie pour continuer le développement :

L'Hostie...Quel symbole !
Mais hélas combien se seront éloigné de l'enseignement ?

Je suis le Tout, le Tout est en moi, le Tout est partout autour de moi.
Je suis Amour, Lumière d'Amour, mon prochain est Amour, chaque être Vivant, chaque arbre, chaque fleur, etc... Est Amour, Lumière d'Amour.
Je suis Un avec la vie Terrestre.

Avant de devenir un être de chair j'étais Lumière, je redeviendrais Lumière, laissant mon corps, vaisseau de mon âme redevenir Poussière et nourrir la Terre pour l'éternel cycle de la Vie. Ainsi va pour chaque atome de vie.

Le pain est fait de mêmes atomes que moi...
Le pain est fait de Lumière entre chaque atome est le vide, le vide est pure essence de lumière -pas au sens religieux – la lumière est Amour.
Un bébé, même comblé de nourriture physique ne survit pas sans Amour.

Je suis Amour, le pain est produit avec Amour.
Lorsque je mange en pleine conscience, je suis le pain, le pain est moi, en nous rencontrant nous unissons notre lumière, nos atomes, nous devenons UN.
Je vis grâce au pain, le Pain vit grâce à moi...
Mangeant ainsi, nul besoin de « consignes » pour ne point abuser, car en écoute consciente l'abus est impossible, le corps par lui-même signale sa satiété.

Jésus est Amour, il dit « le pain est ma chair »,
Il dit le pain est Amour, nourrissez-vous en, partagez le.
Mangeant le pain avec conscience nous sentons le pain devenir nous, nous devenir le pain... Nous nous mélangeons, l'un donnant son existence pour nourrir, l'autre permettant aux atomes formant ce dernier de vivre une nouvelle vie en s'alliant à celles qui le reçoivent.

Conscient de cette fusion,
Difficile il sera de manger n'importe quoi, de manquer de respect à l'animal qui donnera sa vie, d'absorber moult produits chimiques qui ne feront en excès qu'abîmer le corps, temple de l'âme.

Il est donc logiques que Prophète et Maître de philosophie est tenté au fil des siècles d'amener l'Homme à entendre ceci...

Manger sans conscience est s'oublier tout simplement.

Vous voici une petite anecdote.

Alors que j'étais encore enfant mère m'avait « donné » une chèvre du nom de Gypsy. Cette chèvre disait-elle me ressemblait, hors du troupeau ne ressemblant aucune autre, « on » ne savait qu'en faire.

Elle était grande, les oreilles tombantes au pelage court noir grisâtre à taches blanches. Je l'aimais beaucoup. Gypsy eu deux chevreaux... Il lui ressemblait un peu.
Il fallu donner le biberon aux deux bébés, ce à quoi en tant que « grand-mère » des bébés je m'occupais chaque fois que j'étais présente. J'étais à l'époque à l'internat.

Justement un vendredi soir ; je rentrais de cet internat et nous passions à table. Le repas avançait et nous en arrivions au plat de résistance. Terminant mon assiette, mère me demanda « alors c'était bon ? ». Je lui répondis « oui ». Elle me regarda et souriant elle m'annonça qu'il s'agissait des deux chevreaux... J'eus instantanément la nausée... J'étais choquée, le cœur plein de haine, comme s'il ne suffisait pas d'avoir tuer mes deux bébés, il fallait en plus les manger ! Je me repris instantanément, je n'avais pas le choix, et une réaction trop forte m'aurait valu des problèmes. Je pensais donc à ces deux petits êtres, et me mis à penser à l'Amour que nous nous portions, à leurs petites bouches sur la tétine du biberon, bavant en buvant goulument leur lait, à leurs petits cornes qui commençaient juste à naître sur le sommet de leurs têtes, à leurs cabrioles un peu folles... je me sentie le cœur plein d'amour... je pensais ensuite au sacrifice de leurs vies, sacrifice qui à cet instant sevrait à me nourrir, à me permettre moi de vivre... je me sentie reconnaissante et pris conscience qu'alors d'une certaine façon ils continuaient à vivre en moi, que nous faisions partie l'un de l'autre, que leurs cellules se fondaient aux miennes, je me mis en accueil, et les remercia intérieurement pour tout ça... leurs demandant simplement pardon, pour une vie peut être écourtée un peu tôt... je leurs promis de prendre soin de ce petit bout d'eux en moi, de respecter cela.

Je n'eus plus envie de vomir mon repas, consciente que ce ne serait pas respecter leurs vies. Le lendemain je consolais Gypsy de la perte de ses petits et la serrais un long moment contre moi, comme pour lui apporter tout l'amour que je pouvais. Tout simplement.

Manger en conscience, ce n'est pas éliminer tout ce que nous jugeons « mauvais » ou « mal » de manger. Non manger en conscience c'est respecter la vie qui s'arrête pour nous permettre de vivre, c'est fondre nos êtres les uns aux autres, dans un équilibre universel parfait.

Mangez en conscience c'est aussi poser une vigilance à l'endroit de ce que nous mangeons, veiller à ce que ceci n'ait pas été torturé, stressé, traité par le biais de produits qui ne sont plus naturels... Car ce que nous mangeons devient ce que nous sommes... L'un en l'autre...

La colère

Aaaaah la colère... Quelle étrange énergie... elle se transcende, se transforme, trouve sa racine au plus profonds de nous mêmes, sa couleur rouge, chakra racine... la voilà qui peut même se développer par quelques élans sexuels mal négociés...

Quelle stupéfaction pour moi de découvrir au moment de l'écriture de ce chapitre le blocage, impossible de poser un mot, impossible d'organiser les idées... Pourtant voilà bien une émotion que j'ai côtoyée... Alors que se passait-il ? ET Puis voici l'heure venue d'un déménagement... Plus d'internet, plus de télé...
Aménagement dans une situation d'insécurité, maison non terminée, confort abandonné. Distractions mises de côté... Impossible de fuir...

De fuir quoi ? La colère sans doute... Oui je ne pouvais pas écrire à son sujet, je l'avais oubliée... Trop souvenir, pas assez consciente... que dire d'elle ?

Ne vous y trompez pas. Il ne s'agit pas de dire que je ne me mettais plus en colère... Quelques sujets fâcheux m'atteignaient encore de trop près, mais que faisais-je alors ? Comment l'ais je oubliée ?

Durant ces jours de face à face avec moi même, je pus l'observer, la regarder... Et petit à petit je compris. Depuis quelques années, je laissais lorsqu'elle venait la colère être mon maître, je la laissais me diriger, et si de ma bouche sortait méchancetés, je me disais « ce n'est pas grave, tu rattraperas le coup après »... Carton rouge à moi, je le reconnais bien là... Car si je me disais cela, c'était donc que j'étais bien présente en mon corps, que je savais... Plus illusoire encore, plus facile, il m'arrivait lorsque j'arrivais à maîtriser la colère un certains temps, d'allumer la télé, et de me laisser porter par quelques films violents... Je reconnaissais aisément le soulagement que cela m'apportait, mais je compris qu'en vérité, regardant ces images, je donnais à mon mental une façon d'être violent sans blesser qui que ce soit, si ce n'est peut être moi... Car alors, je me mentais effrontément, croyant maîtriser une chose qui en vérité me maîtrisait.

Durant ces jours d'aménagement, les évènements peu festifs se succédèrent... les difficultés aussi... Des amis traversèrent de dures épreuves, je me sentais honteuse de ce mal être qui me remplissait face à leurs peine... Mon Impuissance, mon sentiment de perte de contrôle, ma honte et ma culpabilité vis à vis de moi même de n'être capable de rester centrée dans cette période, mon sentiment d'échec (jeu de l'égo), l'insécurité que je ressentais, l'invisibilité (reconnue) qui était mienne aux yeux de mon compagnon, qui prit par sa propre honte de la situation souffrait lui aussi et ne me voyait plus, firent naître le mal...

Impossible de fuir, je la sentais glisser dans mes veines, tel un serpent, un poison qui sinueusement se faufile entre chaque cellule, chaque atome... Chaque jour passant infuse chaque parcelle de l'être... Elle était là, je ne pouvais hurler : sur qui ? Sur quoi ? Pour quel motif ? Je ressentais parfois la violence de l'envie d'entailler mes veines pour la faire partir, pour qu'elle me quitte... Elle me brûlait, m'empêchant tour à tour de respirer, d'être... « je me quitte » disais je à qui voulait l'entendre... « Je me sens partir » répétais je inlassablement à mon compagnon : « arrêtes tu n'es pas mourante » me répondait il... je ne parlais pas de cela, je parlais de ma conscience, de mon être, de ce que je suis, comme si ce poison voulait me forcer à me quitter...

Il n'existe pas qu'une sorte de mort... c'est ce qui fait qu'il existe milles renaissances possibles.

Je m'enfermais parfois dans les toilettes, l'envie de hurler, de casser des objets, de céder à cette violence m'obsédait, tel un démon me soufflant à l'oreille... un combat intérieur entre Soi et soi... mais pour quoi faire casser ? Je serais responsable, Je devrais réparer... Pour quoi faire Hurler ? Cela inquiéterait les enfants, ils auraient peur, ils s'interrogeraient... ça ne m'avancerait à rien... je le sais... alors quoi ?

Chanter ? Je n'en ai plus le ressort... je lui ai déjà laissé bien trop d'énergie, de place... dessiner ? Il me manque l'envie... écrire ? Chaque fois que je prends un crayon le même dessin revient inlassablement... mais aucun mot...

Parfois je regarde mes mains, et j'ai le sentiment de voir dans le dessin de mes veines la couleur d'un sang infesté, malade... Je souffre, j'implose...

Résister à mon démon intérieur, le comprendre... Pourquoi, pourquoi me trouvais-je dans cet état ? Qu'est ce qui avait déclenché cela en moi ? Il existait pourtant situations bien pires... J'avais pourtant vécu moi même bien plus difficile... Pourquoi maintenant ? Pourquoi pour ça ? Je me centrais sur cette seule question... Sa réponse devait m'amener à la liberté.

Mon compagnon et moi, nous finissions par poser la discussion. Je pu exprimer par la bouche ce que je ressentais : « je me sens sur un sable mouvant, je suis fatiguée, épuisée et je ne trouve rien pour me poser, rien sur quoi m'appuyer, tu es là, mais tu n'es pas là, trop pris par tes propres peurs, je me sens seule et pour la première fois de ma vie, je n'ai pas de solution, rien à mettre en face... je ne sais pas... Je m'enlise, je cherche et plus je cherche plus je m'enlise... Je suis invisible aux yeux de ceux avec qui je vis, le cabinet est fermé, le téléphone ne capte pas bien, nous n'avons pas internet, mon nom ici n'est nulle part, tes parents t'aident beaucoup, les miens sont absents, quant à la radio elle ne chante que mensonges, tromperies et affaires tristes... je me sens prise dans l'inexistence, et je deviens invisible à mes yeux, mais je ne sais que faire »... La colère commença à baisser... Encore présente, assez pour que je sente en moi qu'un seul mot reçu de travers me conduirait à la laisser à nouveau m'envahir... Je pris alors le parti alors que je ressentais mon compagnon en pleine prise de conscience de m'éloigner, de me laisser aller à pleurer... Et ainsi assise dehors dans le froid hivernal, je me laissais aller... non à des larmes de colère, mais à des larmes de tristesse... elle commençait à prendre une nouvelle forme, une forme plus douce, plus apaisée... je sentais en moi venir le moment où enfin j'allais la comprendre...

Je me sentais absente, mais je savais que pour me retrouver dans l'Unité, il me fallait me calmer, comprendre et dépasser.

Peur qui d'un seul instant,
Naissant d'un déséquilibre en ma vie,
S'installe en moi et me perturbe.
Je me sens en danger,
Mais quel est-il ?
Je ne sais l'identifier, le reconnaître,
Un seul danger existe réellement,
Celui qui porte atteinte à ma vie,
Pourtant je suis Humain,
En mon mental, porter atteinte à ma vie
à bien des symboliques.
Manque de reconnaissance,
Manque de respect,
Manque d'Amour,
Frustrations m'empêchant de vivre mon moi,
Besoins insatisfaits,
Et me voici qui me sent éliminé, rejeté, comme tué.
Fuir ou attaquer...
Je suis Humain,
Ces deux mots sont mes remèdes,
Datant de mon âge primitif,
De ma grotte ancestrale,
Où j'avais à me défendre du tigre à dents de sabre...
Que je décide de fuir ou d'attaquer,
La peur à gagné,
La voici installée,
Maître de moi même...
Et si un autre être Humain est à l'origine de cela,

Alors me devrais d'être consciente,
Je suis dans la réaction,
Non dans l'action,
Il est Maître de mon destin,
Je ne réponds plus de rien.

Fuir, courir,
Toujours se demander
Ce qu'il se serait passé
Si j'avais eu le courage de ne pas répondre,
De rester moi,
De garder le pouvoir.
Oh rassurez-vous
Je parle des dangers illusoires,
Ceux bien réels,
Où le corps, la vie est en danger physique,
Soit par un geste, soit par une attitude qui risquerait de tuer mon égo,
Alors oui sans doute est il sage,
De savoir tourner les talons,
De partir sans se repentir.
Mais lorsque le danger est illusoire...
Lorsqu'il ne s'agit que d'attaques sans fondement,
Que de mots sans importance,
Pourquoi donc me permettrais-je de m'abandonner ?
Je suis libre,
Je suis ce que je suis,
Nul Homme ne peut me laisser penser le contraire,
Nul Homme n'a à tenter de me le faire croire,
Sauf c'est bien certain,

Et l'exception confirme la règle,
Si mon comportement représente un danger important pour l'équilibre de la société où je vis.
Sans cela, Maître de ma vie je suis.
Pourtant l'Homme oubli sans cesse cette liberté,
Pourvu qu'il fut éduqué aux conditionnements au travers de la violence,
Et la difficulté sera encore plus grande,
Car le principal message reçut sera :
« Si tu n'es pas tel que je te veux,
Alors j'offenserais ton corps,
De violence, de maltraitance,
J'offenserais ton être d'insultes,
Sans conscience des conséquences »...
Mais le parent qui seul face à sa nouveau rôle,
Dans un état d'enfant qui a mal grandit,
Qui n'a jamais osé ou pu demander quelques aides,
Pensant sans doute que sa vie n'en valait pas la peine,
a posé ce choix là,
Est lui même sous l'emprise de sa propre peur,
Sous l'emprise de la violence qui en résulte,
Il n'est pas maître de sa vie,
Commandé par son passé,
L'on peut même imaginer qu'il ne voit pas son enfant.
Du moins ne le voit il pas comme un être Unique et individuel,
Mais simplement comme une projection de son histoire,
Un mini Moi sans personnalité...
La colère et la Peur se nourrissent entre elles,
Et s'offrent en héritage,
Charge à chacun de stopper cet enfer,

Car oui il s'agit bien d'un enfer,

Remplis des pires démons...

Le commanditaire ?

L'illusion originelle.

Secret de polichinelle

Histoires interdites,

Et autres sombres affaires,

Que seul l'Humain sait créer...

Mais bon passons, il ne s'agit pas ici d'un cours de psychologie,

Sinon croyez moi ce livre ne suffira pas.

Ce qui reste une vérité,

C'est que bien souvent,

L'enfant se mettra à son tour à croire,

Que sa vie n'a que peu de valeur.

Pire encore,

Il pensera devoir sauver son parent si apparemment souffrant,

Et ainsi espérant quelques messages positifs nourrissants,

Ultime sacrifice,

Oh nom d'un édifice,

Nommé « Peur » ou « Violence ».

Il n'est pas juste de faire payer à autrui ce qui à un moment de notre vie nous est arrivé, et quand cela arrive nous avons à tout faire pour rééquilibrer... à demander le pardon... à nous pardonner nous mêmes...

Et à un moment à nous demander si nous souhaitons que celui qui a déposé ces graines de Colère en nous soit le Maître de notre vie, si nous souhaitons être en réaction, ou si nous choisissons d'être NOUS, MAITRES incontestable de notre vie, au delà des expériences difficiles...

Aujourd'hui mon choix est posé, je suis le maître de ma vie, et ceci même si parfois cela me demande un effort important...
L'action est toujours plus heureuse que la réaction.
Et vous ?

A toi mon ombre,
Tout d'abord je te salue...
Et puis je te le dis "je t'Aime"
C'est vrai, parfois tu me fais peur,
Tu es là tapis dans le noir de mon âme,
Guettant ce qui viendra te nourrir,
Te fera Bondir...

Je te regarde des fois,
Coup d'œil inquiet...
Parfois je t'ignore,
Et là, te voici qui arrive quand je dors...
Tu ne veux pas que je t'oublie,
Tu fais bien,
Grâce à toi chaque jour,
Je suis présente et consciente...

C'est vrai parfois aussi,
Je t'appelle...
Tu sais ces jours où la situation devient compliquée,
Ces jours où ma paix et mon Amour,
Ne sauraient m'extirper de ces drôles de situation...
Oui c'est vrai, cela fait bien longtemps,
Mais convenons en...
C'est plutôt bon signe, non ?

A chaque grand pas sur mon chemin,
J'avance, je m'enracine, je grandis vers la Lumière,
A chaque grand pas sur mon chemin,
Tu viens me montrer que toi aussi tu grandis...
A moins que tu n'es toujours été aussi grande.
A chaque pas dans la vie,
Toi et moi devons avancer ensemble,
Oui je l'ai bien compris à présent,
Impossible d'intégrer pleinement la leçon,
Sans que nous ayons toutes deux conversation...

Gardienne sage de mes angoisses les plus profondes,
Tu es là veillant sur mon animalité,
Mes excès...
Détentrice de mes secrets.
Quelle joie pour moi que nous puissions communiquer.
Si un jour je te cru mon ennemie,
c'est parce que je ne t'ai pas comprise,
Aujourd'hui ceci est fini,
Toi et moi sommes amies.

Tu es le contre poids,
Tu es mon équilibre...
Grâce à toi je sais l'importance de la vigilance...
Bientôt promis je viendrais te voir,
Je le sais bien,
Tu veux me dire...
Il me fallait un peu de temps voilà tout,
Certaines visites se préparent.
Mais dis-moi et si pour cette nuit,

Tu me laissais juste dormir ?

Je t'Aime chère Ombre,
Car oui sans toi je ne suis pas.
Nous sommes indissociables.

Je t'Aime chère Ombre,
Je te remercie d'être,
Je sais ton importance,
Je sais mon besoin de toi...
Sans toi je ne suis que la moitié de moi-même,
Il y a toujours deux faces opposées en Tout...
Sans toi j'oublierai...
J'oublierai le loup que je peux être,
Alors comment ferais je pour comprendre les autres ?
Merci aussi à toi pour ça...

Pour un instant dissocié,
Pour toujours formant une Unité.
Toi et Moi... "Je" tout simplement.

Près de Tokyo vivait un grand samouraï, déjà âgé, qui se consacrait désormais à enseigner le bouddhisme Zen aux jeunes. Malgré son âge, on murmurait qu'il était encore capable d'affronter n'importe quel adversaire.

Un jour arriva un guerrier réputé pour son manque total de scrupules. Il était célèbre pour sa technique de provocation : il attendait que son adversaire fasse le premier mouvement et, doué d'une intelligence rare pour profiter des erreurs commises, il contre-attaquait avec la rapidité de l'éclair.

Ce jeune et impatient guerrier n'avait jamais perdu un combat. Comme il connaissait la réputation du samouraï, il était venu pour le vaincre et accroître sa gloire.

Tous les étudiants étaient opposés à cette idée, mais le vieux Maître accepta le défi.

Ils se réunirent tous sur une place de la ville et le jeune guerrier commença à insulter le vieux Maître. Il lui lança des pierres, lui cracha au visage, cria toutes les offenses connues- y compris à ses ancêtres.

Pendant des heures, il fit tout pour le provoquer, mais le vieux resta impassible. A la tombée de la nuit, se sentant épuisé et humilié, l'impétueux guerrier se retira.

Dépités d'avoir vu le Maître accepter autant d'insultes et de provocations, les élèves questionnèrent le Maître :

" Comment avez-vous pu supporter une telle indignité ? Pourquoi ne vous êtes-vous pas servi de votre épée, même sachant que vous alliez perdre le combat, au lieu d'exhiber votre lâcheté devant nous tous ?

Si quelqu'un vous tend un cadeau et que vous ne l'acceptez pas, à qui appartient le cadeau ? demanda le samouraï.

A celui qui a essayé de le donner, répondit un des disciples.

Cela vaut aussi pour l'envie, la rage et les insultes, dit le Maître. Lorsqu'elles ne sont pas acceptées, elles appartiennent toujours à celui qui le porte dans son cœur. "

Conte Zen

Messagers ou Idole ?

Jésus, comme Mahomet, Siddarta, Einstein (à sa manière) ou quelque soit leurs noms, ils sont venus porter un message d'Amour, de Joie, de Conscience aux Hommes, et ce qui m'étonne beaucoup, c'est que chaque fois que je rencontre un représentant d'une religion ou d'une philosophie, ce n'est pas cela que j'entends, mais une gloire à ces Hommes qui pourtant ne portaient pas ce souhait.

C'est un peu (<u>de mon regard, j'insiste</u>) comme si le facteur portait une lettre et que plutôt que de lire cette lettre à vos communautés vous portiez le facteur par éloges et congratulations.

Alors me direz vous peut être, tu n'as pas vu le nombre de personnes qui viennent nous écouter. C'est donc que ce que nous faisons est bon.

Je vous répondrai alors sans doute : « si j'ai vu mes Frères, et j'ai observé. Je connais aussi les effets négatifs liés aux religions sur l'esprit humain. Je suis Thérapeute et je reçois régulièrement des Hommes qui connaissent leurs devoirs de croyant par cœur. Je connais les dégâts et la souffrance qui s'en retrouve liés.
Ma position est alors Claire, jamais je n'éloigne l'Homme de sa culture originelle, ce sont ses racines, et un arbre ne pousse pas sans racines.

*Cependant, nous (le patient et moi) œuvrons à un juste équilibre qui lui permette de vivre non   **POUR la RELIGION***

*mais   **AVEC la RELIGION***

J'ai du pour cela « étudier » les religions, écouter, entendre... Et je suis encore loin d'avoir terminé...

Il y a tellement... Que de livres, que de mots pour simplement parler d'AMOUR... Quelle confusion aussi... Et quelle simplicité, car tout le monde en vérité dit la même chose !

Que de souffrances nous pourrions épargner à travailler TOUS ensemble !

Dans ma Vérité, je suis le Tout, le Tout est en moi, le Tout est partout autour de moi.
Je suis Amour, Lumière d'Amour, mon prochain est Amour, chaque être Vivant, chaque arbre, chaque fleur, etc... est Amour, Lumière d'Amour.
Je suis un avec la vie Terrestre.

Vous êtes, Moines, Sœurs, Prêtre, Maître Philosophique, représentants de toutes religions, scientifiques avertis, repères d'Amour et de Compassion, Tous, mais si vous n'êtes pas aptes à vous entendre comment pouvons nous lors de nos joies et peines continuer à vous voir comme repère ? Comment pouvez-vous pensez que les jeunes, plus éveillés, plus (malheureusement) concernés puissent accepter vos discours de Paix ?

Vous touchez les convaincus, un jour il faudra penser à ceux qui ne veulent pas être convaincus, mais qui ont juste besoin d'entendre... et ceci en acceptant l'idée qu'ils ne deviendront sans doute jamais des convaincus.

Pi

Je méditais et voici ce qui m'est venu :
Un Tétragramme Hébraïque... J'étais en retraite au monastère, j'ai donc profité de ceci pour entreprendre des recherches, très rapidement je trouvais dans la bibliothèque une bible traduite en hébreu.
Je retrouvais mon tétragramme : YHWH ...
Je continuais mes recherches, le tétragramme voudrait dire « Je suis ce que je suis »
Ce qui m'a conduit à l'exode 3:14

3:14

Ces chiffres ne vous rappellent ils rien ?
3, 14 ... le chiffre Pi, universel et infini pour calculer – donc définir mathématiquement l'objet.
Le cercle... Mandala Universel.
Le Cercle qui ne fait qu'un.
Le Cercle... Le début du Big Bang ? Un ensemble qui se divise en de multiples parties ? Un peu comme un ovule qui se divise pour petit à petit donner naissance à un être qui n'est qu'un en lui ?

Unité – 3,14...
Exode 3,14...

Ce simple cercle permettrait à toutes les religions de se réconcilier...
Mais peut être y a t'il trop d'argent ou de pouvoir en jeu ?

Dans le cercle, le centre... Le centre en Tout... Le centre qui produit un nouvel ensemble, du plus petit au plus grand, du plus grand au plus petit...

Je vous emmène un peu plus loin.

Je suis ce que je suis dans le cercle, dans l'irrationalité, mais je ne peux être ce que je suis pleinement dans le carré, en effet confronté alors au limites, aux angles, je me frotte aux limitations de la rationalité.

Je me suis ainsi, un jour, vue lire tout un texte en anglais alors que je n'en parle pas un mot... J'avais ouvert ce fichier avec beaucoup d'intérêt, le sujet me passionnant. Ce n'est qu'à la fin de ma lecture que j'ai pris conscience du fait que ce que je venais de lire n'était pas dans une langue connue ou apprise. Instantanément je me suis dit « mais c'est de l'anglais, j'y connais rien moi en anglais » et aussitôt le texte est devenu pour moi incompréhensible. Le mental était revenu. J'eus donc recourt à un logiciel de traduction pour le relire... Et des expériences comme celles-ci, il y en eu de nombreuses...

Le scientifique a apprit des règles et aux travers de ces règles développent des théories, théories acceptables selon des conventions, des normes. Il est important ici de rappeler le fait que les découvertes majeures dans le domaine de la science ont été trouvées « par hasard » :

- l'oxygène par Joseph Priestley, théologien qui trouve toute sa place en ce livre tant sa vision des choses, de la vie était proche de mes petites affaires ici contées,

- Galillée et la gravitation des corps solides, une belle histoire, selon laquelle, alors qu'à 19 ans il se trouvait dans la cathédrale de Pise, il se trouva surpris par l'oscillation d'une lampe accrochée au plafond. Calculant en se basant sur le rythme de son cœur, il fit le constat suivant : les oscillations étaient de durée égale quelle que soit l'amplitude. A partir de là il découvrit la nature isochrone du pendule... il vérifia sa théorie au travers de d'autres expériences.

- La Péniciline avec Alexander Fleming, découverte liée à son manque d'organisation et au désordre qui régnait dans son « laboratoire ».

- La fermentation et la pasteurisation de Louis Pasteur...

- Ne parlons pas même d'Albert Einstein, décrit comme un « rêveur solitaire ». Tiens savez vous que son E=MC2 définie l'énergie ? ... mais bon laissons ceci de côté pour un autre livre plus tard ;-)

Ces découvertes sont dites liées à la « sérendipité », mot non synonyme de hasard mais « d'intuition empirique »... Intuition qui nous reconduit au cercle, à « je suis ce que je suis ». Connecté à la profondeur de ce que nous sommes, nous entrons en contact avec la « connaissance universelle », l'intuition, un savoir sans limite mentale.

Mais que devient un scientifique qui ne s'autorise aucune prise de risque ? Qui n'accepte pas ce qui sort de sa rationalité, de son cube ? Ils me font alors penser à ses médecins qui au delà d'une série de symptômes classifiées et ordonnées dans une liste apprise par cœur vous disent quand vous arrivez avec une douleur un symptôme non recensé dans leurs mémoires : « ceci n'est pas possible, c'est donc psychologique ». Pourtant nous le savons bien il nous arrive de vivre des maux du corps, qui ont besoin d'être entendus, quelque soit la théorie du médecin sur « est-ce psychologique ou non ». Quant un médecin nous dit « ceci n'est pas possible » avouez que nous nous sentons un peu abandonnés... Ces médecins là ont peur, en effet pousser les recherches nécessiterait une prise de risques que leurs confrères pourraient ne pas comprendre. Remettrait parfois en cause tout ce qu'ils ont appris à la faculté, les efforts passés à apprendre par cœur les textes et résultats de recherches des autres. Remettant en cause leur Supériorité, leurs pouvoirs suprêmes. En effet, malheureusement beaucoup de médecins ont cette tendance à dire « ce que vous dites n'est pas possible, moi je sais, je suis médecin ! » être médecin signifierait il « vivre dans le corps du patient ? Quel pouvoir ! Combien d'entre nous prennent ainsi les médicaments de l'ordonnance sans oser poser la moindre question, sans jamais oser remettre en question le jugement du docteur ? Et combien ensuite pestent contre le dit Docteur qui n'avait pas vu ? ... Un véritable échange avec le médecin et une confiance partagée et égale serait plus que nécessaire... Hélas, trop de patients, pas assez de médecins, des journées à rallonge, des salles d'attentes pleines, poussent les membres de la profession à une lassitude facilement ressentie, et par conséquent à l'abandon de toutes résistances aux conditionnements reçus lors de la formation. Passant ainsi à côté de certains « mystères » de la vie qui leurs expliqueraient bien des choses sur leurs métiers.

Lorsqu'à ma seconde grossesse, à peine 10 jours après la fécondation, j'ai dit « je sais que je suis enceinte, je le sens » alors même que j'étais depuis le Jour J devenue célibataire et qu'à ce moment précis je ne souhaitais nullement avoir un enfant, personne ne me crut. Il n'est pas concevable qu'une femme puisse sentir la vie grandir en elle, alors que sa période dite de « menstruation » ne soit passée... et même diront certains gynécologue pas avant les 3 premiers mois de grossesse... Si c'est écrit alors...

Si ce petit chapitre vous interpelle je vous propose à toi médecin, à toi patient de poser ce type d'échange... nous y gagnerons tous.

« Je suis ce que je suis » dans ma spiritualité, libre de mes pensées et de mes choix, dans l'irrationalité, dans le cercle, je suis pourtant confrontée à la réalité de ma matérialité, ainsi qu'à la règle rationnelle de cause à effet qui m'oblige à être responsable dans mes choix quels qu'ils soient. Je dois donc trouver un équilibre entre l'irrationnel et le rationnel, entre le carré et le rond, Faut il faire entrer le rond dans le carré ?

Nous sommes conduits au complexe problème de la quadrature du cercle.

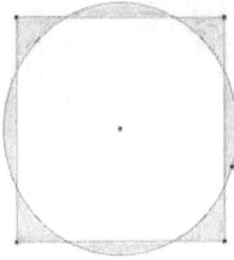

La quadrature du cercle, depuis l'antiquité problème classique de mathématiques apparaissant en géométrie.

Le problème consiste à construire un carré de même aire qu'un cercle donné à l'aide d'une règle et d'un compas.

La quadrature du cercle nécessite la construction à la règle et au compas de la racine carrée de π, ce qui est impossible en raison de la transcendance de π : sont constructibles seulement certains nombres algébriques.

Ce problème impossible a donné naissance à une expression : « Chercher la quadrature du cercle » qui signifie « Tenter de résoudre un problème insoluble ».

Si nous prenons ce problème de façon plus... Philosophique...

Cercle, rond, aérien, permettant un horizon sans fin, un mouvement perpétuel sans contour pouvant le stopper serait le ciel. Ciel Spiritualité, imagination, Air, le Père aussi. Protecteur, rassurant, fâché le voici orage.

Carré, cube, il se pose, ne bouge pas. Il est stable. Il se défini sans peine, ses quatre côtés sont égaux, il ne supporte l'imperfection. Il nourrit, il est solide et matériel. La mère...

Il est l' « opposé » du rond... Et pourtant...

Trop aérien, l'Homme quitte sa matérialité, il prend le risque de devenir fou, transporté par ses rêves, il s'envole. Quitte l'incarné.

Trop ancré, l'Homme prend peur de ce qui n'est pas explicable, il se bloque, veut contrôler, veut définir.

La quadrature du cercle ? Problème insoluble ? ... Et si la solution était d'être juste au milieu ? De ne pas chercher à faire l'Un avec l'autre... Que serait le ciel sans la terre ? Que serait la Terre sans le ciel ?
Et voici « L'Homme debout »

                      ou

L'Homme entre Terre et Ciel.

Debout les pieds sur Terre, enraciné. Les bras, les mains tournées vers le ciel. La tête dans le ciel.

Le carré en bas, terre,
La Ligne horizontale et Verticale symbolisant le mental, la pensée, en mouvement vers le bas et vers le haut. Centré en un point, le point du Bien-Être, du être soit...

Ainsi, l'homme perçoit et synthétise l'énergie du ciel et de la terre, il devient le lieu d'échange de ces énergies et grâce à lui, le Ciel féconde la Terre et la Terre nourrit le Ciel.

La solution au problème de la quadrature du cercle est une liberté responsable... Paradoxe ? Non point.

Ceci est l'équilibre du Tout... Rappelez-vous le symbole du Tao : Symbole qui définit l'équilibre du Tout :

Le Yin et le Yang

Pas de Jour pas de nuit, il ne s'agit nullement d'opposition, mais bien de COMPLéMENTARITé... Dans l'obscurité est la lumière, en la lumière est l'obscurité...

Symbole qui tourne en permanence, rappelant ainsi l'impermanence, le mouvement perpétuel... et remarquez que si vous retirez une partie du symbole, il n'est plus rond, de fait il ne tourne plus. C'est donc la mort.

L'obscurité est notre ombre, nous avons à la respecter et à l'aimer, en une juste mesure elle est notre alliée nous donnant l'impulsion nécessaire pour nous défendre contre ce qu'elle estime comme étant un danger...
A chacun de nous de faire le cheminement nécessaire afin de lui apprendre ce qui est un réel danger et ce qui est un danger pour lequel nous avons été conditionnés ou pour lequel nous nous sommes nous mêmes conditionnés pour répondre à des attentes extérieures à nous ou à des traumatismes anciens.

L'équilibre ne supporte aucune extrême.

> Une liberté sans responsabilité nous condamnerait moralement et socialement.
> Une responsabilité sans Liberté nous emprisonne.

Êtes-vous prêts à Bien Naître ?

Pi : 3,141593

après l'exode 3,14 voyons les autres : 15, 9, 3 ?

L'ennemi disait : Je poursuivrai, j'atteindrai, Je partagerai le butin; Ma vengeance sera assouvie, Je tirerai l'épée, ma main les détruira.

L'Eternel est un vaillant guerrier; L'Eternel est son nom.

Bien sur qu'il est sans nom... Il est UN...

Le Tout.

Je suis le Tout
Je fais partie du Tout
Le Tout est en moi.

Ouvrons un peu les yeux en conscience, Qu'étions-nous avant d'être un homme en se conformant aux règles de la matérialité ?

Nous étions un ovule.

Un ovule qui rencontrant un spermatozoïde s'est divisé en plusieurs cellules, divisé, multiplié encore et encore jusqu'à devenir l'ensemble complexe que nous sommes aujourd'hui chacun...

Je suis le Tout.

Qu'est ce que notre planète ?

Si l'on en croit la théorie du Big Bang c'est un ensemble qui à la suite d'une explosion est devenue ce qu'elle est aujourd'hui... Au travers du cheminement de cellules qui se sont multipliées, divisées et ont évoluées, sans jamais quitter le 1 de la planète. Utilisant toujours la même énergie. S'abreuvant de la même essence.
Une énergie 1 divisée en multiples 1.

Je fais partie du Tout.

Mon Corps, ma planète...

Comparez, observez...
Ce qu'il se passe dans notre corps est semblable à ce qu'il se passe sur la planète.
Le Tout est en moi.

Je ne sais si je suis assez claire, je vais donc vous l'expliquer différemment... Soyez sûrs que je n'oserais souhaiter vous imposer mon point de vue, il s'agit simplement de vous montrer ce que je vois.

Imaginez une immense boule d'énergie.
Pour moi une boule d'Amour...
Pourquoi spécifiquement d'Amour ? Car j'ai pu constater que je pouvais produire cette énergie dans l'Amour et la compassion, en conduisant ce sentiment vers là où je le souhaitais sans nulle limite de distance.
Mais qu'en tout autre état je ne le pouvais.
Pas la haine alors ? La haine est la sœur de l'Amour, sont opposée complémentaire... Elles sont le jour et la nuit, se tournent autour... Mais avouons que si je vous disais « une boule de Haine » ce ne serait pas glamour...

D'autre part une boule de Haine serait faite avec colère, les deux allants de paire... hors nous avons déjà parlé de la colère...

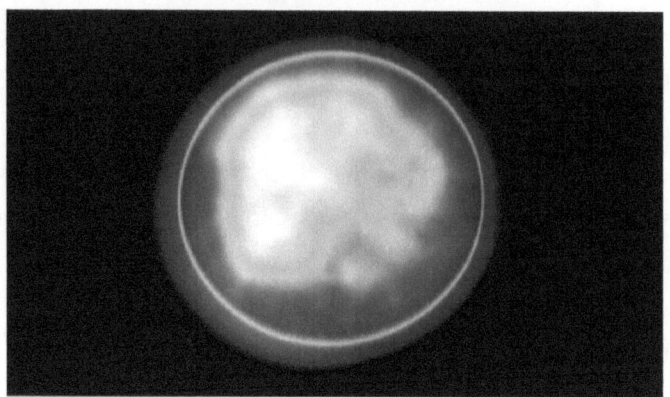

Cette boule d'énergie, d'Amour serait l'origine de la vie. Elle aurait été présente avant Terre.
Elle est une unité de vie.

Rencontre avec la matière.
La boule d'énergie explose.

L'Unité de vie se divise en de multiples unités de vie.
Cependant consciente de leur origine, elle reste liée...

Pour l'équilibre, pour préserver l'équilibre, chacune prend une forme différente, un rôle différent.
A la fois Unité unique et autonome, à la fois donc Partie d'une seule et unique Unité.
De infiniment petit à l'infiniment grand.
Naissance de notre monde, parmi d'autres mondes... sans doute...

Certaines énergies deviennent incarnées, d'autres restent flottantes...
L'entité, ce que certains nommes anges, archanges, pourrait donc être ces formes ci. Une énergie, une unité non incarnée.
Et la Force supérieure alors ?
Je ne pense pas qu'il y est vraiment à proprement parler de force « supérieur », je pense qu'il y a un équilibre... Une force qui préserve l'équilibre, qui influence les évènements pour préserver l'équilibre.

Que nous sommes soumis à des cycles, à une impermanence qui rend cet équilibre vivable et qui préserve cet équilibre. Un mouvement à la fois chaotique et parfaitement organisé. Chaque animal, chaque plante, chaque personne ; chaque atome de vie étant là où il a à être...

Suis-je en passe de dire : Dieu, Allah, Jehova, n'existent pas ? Je ne dirais pas cela... je n'en sais rien, je dis ce que je vois... Mais si Dieu est Amour, si Allah est l'Un ... alors ne pourrait-il pas être correct de repenser à notre boule d'énergie citée plus haut ? Je pense que nous sommes chacun un petit bout de cela. Et que nous tournant vers l'extérieur pour chercher cette énergie, nous commettons depuis des siècles une erreur fondamentale... et si créatrice de violence...

Voyons moins grand, voyons à notre échelle.

Je suis une unité d'énergie. Une âme qui s'est individualisée à partir de l'ensemble, de l'Un. Je me suis incarnée sous forme humaine afin de participer au maintien de l'équilibre.

Observons mon corps, ou le vôtre, comme vous le voulez.
Je suis thérapeute, c'est ma fonction, mon essence profonde : accompagner, apaiser, il paraît que quand je parle cela fait un effet « étrange », mes patients partent souvent si détendus qu'ils parlent d'aller faire une sieste...
Je régule le stress... je pourrais donc être l'endorphine ?

Maintenant prenons un éboueur... il évacue les poubelles, il les transporte à l'extérieur des lieux de vie. Quand il fait la grève, le risque de maladie est élevé... Il pourrait être une partie de l'intestin... Intestin qui quand il cesse de fonctionner peu s'infecter... s'infecter... présence microbienne... comme les rats venant dévorer les poubelles ?
Alors le rat serait un microbe ? Il faut l'exterminer ! Non point, présent en juste mesure il nettoie les égouts, participe à l'équilibre de la chaîne alimentaire, nourrit le chat... Il est donc nécessaire lui aussi.

Et la secrétaire ? La secrétaire c'est la mémoire courte, elle note les informations, se rappelle des numéros...
Pour la mémoire longue il y a l'archiviste...

Le boulanger est celui qui produit une nourriture extérieure à mon corps, cependant cette nourriture, deviendra Un avec moi-même, son essence, sa matière va se mélanger à la mienne, nous allons reformer une nouvelle entité unique... Mangeant en conscience, je ne m'associerai à rien et de façon tout à fait naturelle qui puisse créer un déséquilibre dans mon corps. Je suis habitée de cette même force magnétique, de cette même loi que pour le monde qui préserve l'équilibre, je suis cette force. Mangeant sans conscience, mécaniquement, alors, absorbée par des affaires du mental, laissant livrés à eux-mêmes la secrétaire, l'organisateur, les éboueurs, les archivistes, tout le monde tout seul, alors je risque de vivre le chaos intérieur. C'est ce qui justifie l'expression « habiter son corps ».

Imaginez un peu ce qu'il se passe en vous lorsque vous imaginez que ce que vous nommez Dieu vous a abandonné... Vos cellules, vos atomes pensent peut être bien la même chose...

Mais alors si cette énergie préserve l'équilibre, si je préserve l'équilibre dans mon corps, y a-t-il un libre arbitre dans mon corps ?

Là encore, au risque de vous assoir je dis oui... C'est sans nul doute ce qui fera que certains auront une plus forte résistance que les autres face à la maladie... Notre conscience influence fortement ce libre arbitre, plus nous sommes calmes et posés, plus notre corps fonctionne agréablement, plus nous en prenons soin, y portons notre attention de même... Mais si un événement arrive et nous conduit à être moins vigilant...

Prenez un peuple qui vit au pied d'un volcan... il est là à vivre... les oiseaux chantent, il y a des papillons... bref un vrai petit paradis sur Terre.
Tout à coup, l'équilibre est rompu... Quelque chose s'est produit...

Le Volcan explose, le peuple est en danger... le libre arbitre, le choix sera à poser. Si le peuple a déjà vécu cela, si le peuple est particulièrement calme et apaisé parce qu'il a toujours eu confiance en son énergie, en sa force, en son pouvoir créateur, qu'il est centré, il réagira de façon posée. Prendra peut-être ses petites affaires pour aller s'installer plus loin jusqu'à ce que ça passe ? Où aura déjà prévu ça et aura mis en place de quoi se protéger ?

Si le peuple est soumis à une tension, s'il était déjà fatigué, s'il manque de confiance de sérénité, s'il entre en opposition, en résistance uniquement motivé par la peur, et non par la confiance... ce sera le chaos...

Dans le corps ce sera la maladie... Lorsque je suis malade, ou blessée, je médite... Je rentre en contact avec la partie malade ou blessée de mon corps, je lui parle, je lui envoie du calme et de l'Amour... je lui fais confiance... Selon l'endroit, j'observe quel est le lien avec ma vie, mon présent, pourquoi est-ce précisément là qu'il y a eu un souci, la secrétaire a t'elle trop de chose à faire, est-elle débordé, envoie t'elle de mauvaises indications ? Mes troupes militaires sont-elles malmenées par cette désorganisation, tant et si bien qu'elles ne savent plus où attaquer et qui attaquer, peut-être même n'attaquent elles plus ? (défenses immunitaires) et je m'apaise moi aussi... ne faisant qu'un avec mon corps. Cela m'évite bien des prises de médicaments...

Anecdote personnelle pour vous illustrer le propos :

Je souffrais d'une douleur nouvelle et inconnue dans tout l'abdomen. L'effort était insoutenable, manger me donnait la sensation de me déchirer de l'intérieur... j'avais vraiment mal... Suite à une série d'évènements, et parce que j'étais malade déjà depuis quelques temps, mon médecin me fit faire une échographie de la paroi...
Je fus surprise et lui de même lorsque nous découvrions que ce qui est nommé « la ligne blanche » était déchirée. La ligne blanche étant une membrane fibreuse reliant les grands droits. Et effectivement, sans l'échographie nous sentions bien qu'il était possible de passer deux doigts dans une fente sous la

peau comme me divisant en deux. Incident qui arrive lors de grossesse ou de prise de poids très importante, hors je n'étais pas concernée par l'un ou l'autre des cas.

Plus déconcertant encore, mon médecin m'apprit qu'il ne voyait nullement comment faire pour m'aider, car normalement la prescription est d'attendre que la personne maigrisse... Il me déconseillait pour le moment la chirurgie, ce qui je vous le concède faisait mon affaire.

Après quelques réflexions et méditations sur le sujet, je pris conscience que je me sentais moi-même divisée en deux... Mon Moi et mon mental. Ce que je suis fondamentalement, et ce que je pourrais appeler Claire... Claire qui fonctionne, a une histoire, etc... Cette division avait fini par se matérialiser dans mon corps, comme si les cellules de mon corps ressentant cette séparation (parfois très, trop forte au point que je vivais de grands moments de troubles) avait décidé d'effectivement se séparer...

J'entrepris une méditation que j'appelais la réconciliation des moitiés... Méditation qui me conduisit à la quadrature du cercle, et à un profond travail d'équilibre...

Petit à petit la déchirure se referma... aujourd'hui elle n'est que souvenir...

Il ne serait pas sain de vous laisser croire que tout peut ainsi être réglé parfois les structures ont tellement souffert qu'un coup de main extérieur est nécessaire, voir inévitable... mais beaucoup de nos petits bobos peuvent être ainsi traités, calmement et paisiblement...

Si la secrétaire démissionne, si les éboueurs refusent obstinément de se remettre au travail, si une cellule déséquilibrée a muté et emportée par son égo a décidé de tout envahir au péril même du corps qui l'abrite et la nourrit, pour tout diriger (cancer) pour préserver la vie, il faudra à la fois faire ce cheminement de paix, mais aussi accepter de recevoir le coup de pouce adapté... Tout en acceptant toujours le principe même du cycle... Parfois il est temps pour ce monde, ce corps de s'éteindre, l'énergie, l'Unité qui l'habite se reposera, prendra peut-être une nouvelle forme physique ou immatérielle...

Continuons nos comparatifs :

Les organes pourraient même être pourquoi pas des villes, des pays...

L'organisateur, celui nommé injustement « chef » ? Peut-être le cervelet... difficile ici de vraiment savoir, tout dépend où il se trouve, ce qu'il dirige, organise...

Les animaux ? Pensez aux enzymes, aux microbes, aux petites bactéries dont notre vie ne peut se passer...

Je ne vais pas faire tout le corps, cela pourrait être amusant pour un livre futur, mais pour l'instant, si vous le souhaitez je vous invite à vous y amuser vous-mêmes, nous ne sommes jamais si enrichis que par ce que nous comprenons par nos propres recherches...

Il en reste un cependant pas banal...
Le « Dieu » en mon corps ? Et Bien c'est moi, l'énergie qui habite la matière... Qui fait la pluie et le beau temps, qui influe sur l'ensemble... du moins est-ce que j'essaie, car je suis un dieu complexe...
Je suis une Unité moi-même constituée de multiples Unités et faisant partie d'un autre ensemble d'Unités qui fait lui-même partie d'un autre ensemble d'Unités...

Mais au fait et les personnes qui ne font rien ? Figurez-vous que dans le cerveau nous avons un certains nombres de cellules qui ne font rien... néanmoins, l'équilibre peut être bousculé par l'excès... nous avons sur ce cycle je crois quelque peu bousculer cet équilibre...

Chacun à sa place, en lui-même il sait où elle est exactement... Raison pour laquelle, lorsqu'une personne me dit j'ai honte de mon travail, je lui réponds j'entends, mais pourtant ton travail doit être fait, et cela quel qu'il soit ! Il n'y a pas de travail plus important qu'un autre, comme en mon corps il n'y a pas d'organes, d'atomes, de cellules plus importants qu'un autre... j'ai besoin de l'ensemble pour que mon corps fonctionne en équilibre... et lorsqu'il me manque une part de cet ensemble, l'énergie que je dois développer pour rétablir l'équilibre est parfois très lourde... Cela est possible oui, mais il faudra alors que l'ensemble se mette à l'œuvre... que l'oreille de la personne aveugle travaille plus, que la main qui reste à la personne amputée affine sa dextérité, que tous ceux qui travaillent dans mon cerveau soit volontaires, organisés et calmes... ma conscience, elle, sera toujours là... mais si le cerveau laisse le mental prendre toute la place, comme un chef hurlant dans le haut-parleur, alors ma conscience aura bien du mal à œuvrer... à se faire entendre... Il faudra que l'usine de recyclage, mes reins acceptent de travailler plus afin de traiter les médicaments, etc... etc...

Quand le mental hurle des directives parfois il cause lui-même le chaos, il est si remplit de peurs, parfois si enfermé par l'égo, si en colère, il veut tant maîtriser, contrôler, avoir le pouvoir... Tel un responsable d'entreprise imposant à ses employés des rythmes infernaux, des postes inadaptés, traitant l'Unité en pion, faisant ainsi pousser des graines de colères...
Alors là, parfois oui parfois le cycle s'accélère, l'équilibre est rompu... Mais les jongleurs le savent bien, l'équilibre est instable, il se perds et se retrouve...

Au fait, alors pourquoi chercher à évoluer ?

Sans doute parce que Tout est régit par la loi du cycle, et qu'il est possible que nous approchions de l'Hiver de notre cycle.
Tandis que la matière vivra son repos, tel l'arbre en hiver, nous allons reformer une unité.
Chacun reprenant sa place dans l'équilibre immuable du Tout... Le yin et le Yang...

N'avez-vous pas remarqué le nombre de personne qui pensent être à un moment de leur vie où il leur faut poser le choix ? L'équilibre est créé par le jour et la nuit... Par la Lumière et l'obscurité... Certains choisissent la paix, d'autres la violence...

Les animaux disparaissent, les hommes se multiplient... équilibre mathématique...
Les Unités naturellement se préparent à se retrouver... en Un...

Et la responsabilité individuelle ?

**Je suis responsable de mon monde, mes actes induiront des conséquences, ce sont des actes que j'ai choisis, j'ai donc choisis aussi les conséquences possibles...
Tu es responsable de ton monde... Tu es libre de tes choix.**

Ensemble nous sommes responsables de notre monde, je ne te jugerais pas sur tes choix, mais si ton acte influence mon équilibre (violence par exemple, acte délibéré de pollution de mon eau (?)) alors je suis en droit de te faire savoir que tu as eu tort. Je ne me venge pas, car je sais combien la vengeance qui est mise en place par la colère et la rancœur peut me blesser moi-même, mais je ferais ce que je dois faire pour rétablir l'équilibre. Cet équilibre que je vais devoir par suite à ton acte poser de façon extérieure... et intérieure. Je me remercie du chemin que je m'apprête à faire, que j'ai fait, que je fais, car je me donne l'opportunité de faire de cette expérience un enrichissement personnel.

Epilogue

On rapporte que le Prophète Mouhammad (sws), répondant à une question de Djibraïl (alayhis salâm) au sujet des Signes de l'heure "Quand tu verras la servante engendrer sa maîtresse, et les va-nu-pieds, les gueux, les miséreux et les bergers rivaliser dans la construction de maisons de plus en plus hautes." (Boukhâri et Mouslim).

"Parmi les signes de l'Heure:... on accusera l'honnête de trahison et on fera confiance aux traîtres." (Ahamd, Bazzâr, Tabrâni)

Économie douce traîtresse... Nous t'avons caressé, aimé, idolâtrer, encensé... Prônant ton pouvoir et ta grâce nous laissant asservir sous tes viles manipulations. Aujourd'hui tombe le masque, à toi je fais ma dédicace... Tu ne nous mèneras pas à une guerre de colère, car sagesse nous trouverons, les partisans d'un Amour pour toi, entre eux seuls se disputeront tes baisers impurs et tellement illusoires.

Je t'invite lecteur à la paix... Seul vrai repos de l'âme.

Nous gravons des mots dans la pierre, puis nous en oublions le sens... l'essence... et c'est ainsi depuis toujours...

(Inscription : *"Je comprends ici ce qu'on appelle gloire, le droit d'aimer sans mesure." Albert Camus, stèle à Tipasa (Algérie) photo libre de droit*)

Tables des Matières

Paroles de Sagesses du Dalaï Lama..2
Il parle de Liberté..5
" Les portes du paradis "..8
La colère..34
Messagers ou Idole ?..47
Pi..49
Le Yin et le Yang...56
Le Tout..58
Epilogue...70

I want morebooks!

Buy your books fast and straightforward online - at one of the world's fastest growing online book stores! Environmentally sound due to Print-on-Demand technologies.

Buy your books online at
www.get-morebooks.com

Achetez vos livres en ligne, vite et bien, sur l'une des librairies en ligne les plus performantes au monde!
En protégeant nos ressources et notre environnement grâce à l'impression à la demande.

La librairie en ligne pour acheter plus vite
www.morebooks.fr

VDM Verlagsservicegesellschaft mbH
Heinrich-Böcking-Str. 6-8   info@vdm-vsg.de
D - 66121 Saarbrücken   Telefax: +49 681 93 81 567-9   www.vdm-vsg.de

www.ingramcontent.com/pod-product-compliance
Lightning Source LLC
Chambersburg PA
CBHW022017160426
43197CB00007B/465